SUSANNE JURA

DAS LEBEN

IM

TISCHKASTEN

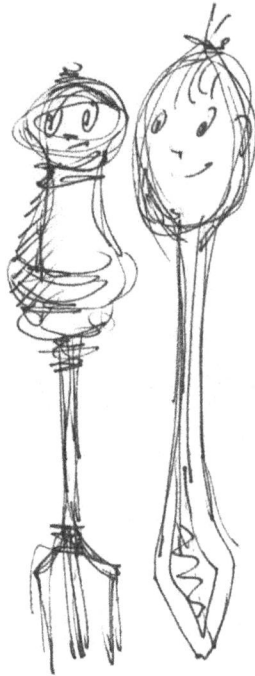

www.alexsa-verlag.de

Erste Auflage 2018
Erschienen im Alexsa-Verlag Berlin, Justin Jura
© Justin Jura, Verleger, Berlin 2018
© Susanne Jura, Autorin, Berlin 2008
Illustrationen: Susanne Jura

Kürzlich kam mir beim Ausräumen meines Geschirrspülers ein seltsamer Gedanke: Ich hatte den Besteckkorb auf den Küchentisch gestellt, zog den Tischkasten auf, schaute in den darin befindlichen Besteckkasten und hatte plötzlich das Gefühl, ich würde mich selbst einsortieren.

Ehrlich! Ich glaubte, ich sei ein kleiner Löffel aus Aluminium.

Doch halt! Das stimmt so nicht, denn es gibt heutzutage gar keine Aluminiumteelöffel mehr in unserem Besteckkasten, doch als Kind bin ich einer gewesen, einer von vielen.

In unserem Besteckkasten gab es so viele davon, dass das Fach übervoll war, wenn alle Teelöffel zu Hause waren.

Ich denke, das war meine Schulklasse: Alle Löffelchen schön ausgerichtet – Stiel nach rechts, Schippe nach links. Trotzdem rutschte manchmal ein kleiner Löffel ins Nebenfach, zu den Kuchengabeln und den Kartoffelgabeln, aber er blieb ein Teelöffel und wurde bei nächster Gelegenheit zurückgelegt.

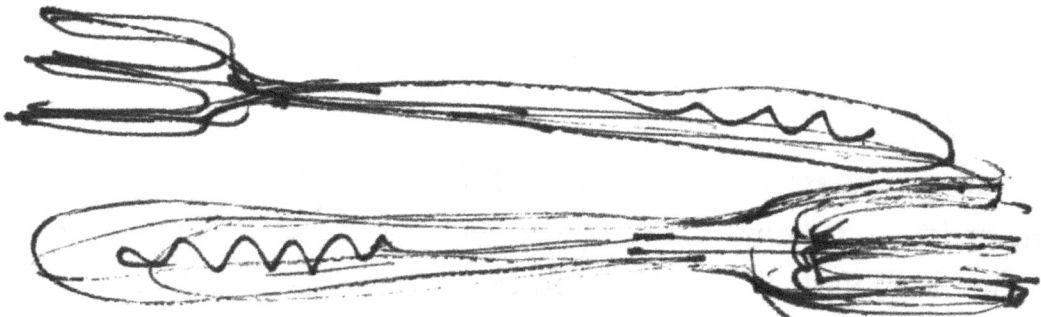

Heute, nach 40 Jahren, bin ich kein Teelöffel mehr, ich habe das Fach gewechselt. Aber meine Enkelkinder Lilli und Matti könnten jetzt Teelöffel sein, sie haben das passende Alter. Lilli, die Kleine, ist vielleicht genau so ein Löffel, wie ich einer war, jetzt natürlich aus Edelstahl. Sie befindet sich im schönen Einklang mit den anderen kleinen Löffeln und hat manchmal einen schönen Platz dicht neben den rosa Häppchenspießen im Nebenfach und den bunten Trinkhalmen im Kramfach ganz links.

Matti allerdings ist keinesfalls ein Löffel, das war er schon als Baby nicht, er ist auch keine Kuchengabel von nebenan, nein: Matti ist die 4-zinkige Kartoffelgabel, die Besondere, die sein Großonkel Holli einst selbst gebaut hat, aus gebogenem und angespitztem Stahldraht, mit einem gedrechselten Griff - und zwar für mich, seine Schwester – Mattis Oma.

Dieser exklusiven Kartoffelgabel können die konventionellen dreizinkigen Haushaltswareladen- Modelle nicht das Wasser reichen.

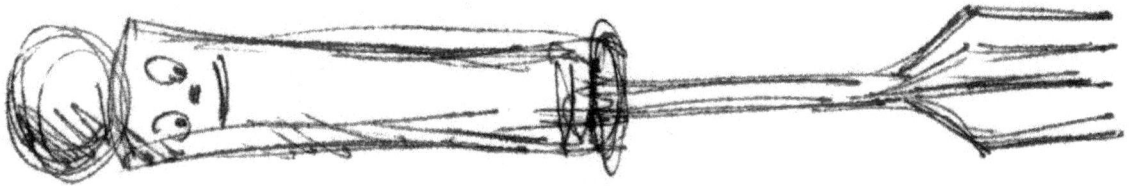

Lilli rutscht öfter als die anderen Teelöffel über den Rand ins kleine Gabelfach zu ihrem großen Bruder. Das ist meist lustig, manchmal auch dramatisch, aber wie gesagt, nie von langer Dauer. Denn: In einem Tischkasten herrscht Ordnung.

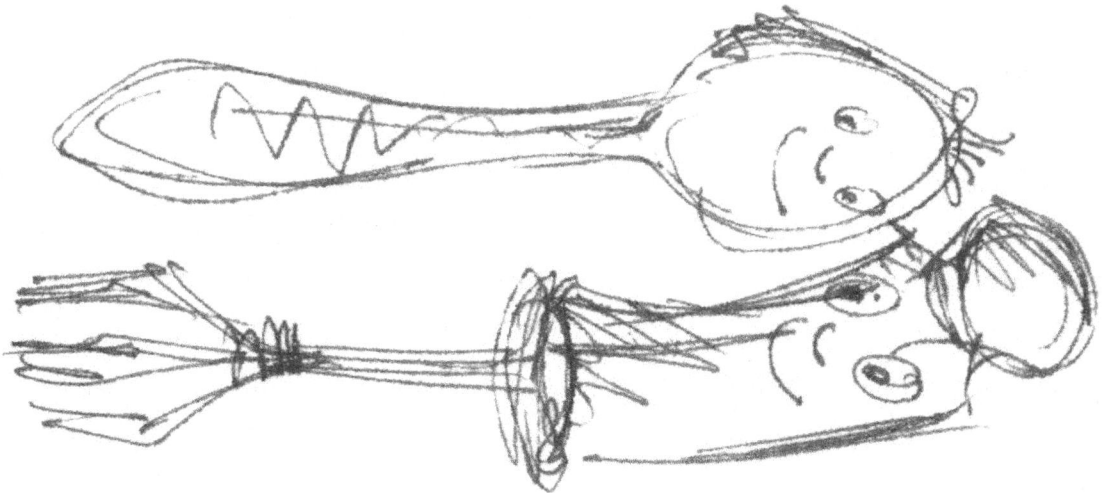

Schauen wir nach, wer noch von der Familie in diesem Tischkasten wohnt. Wie steht es mit meinen inzwischen erwachsenen Kindern?

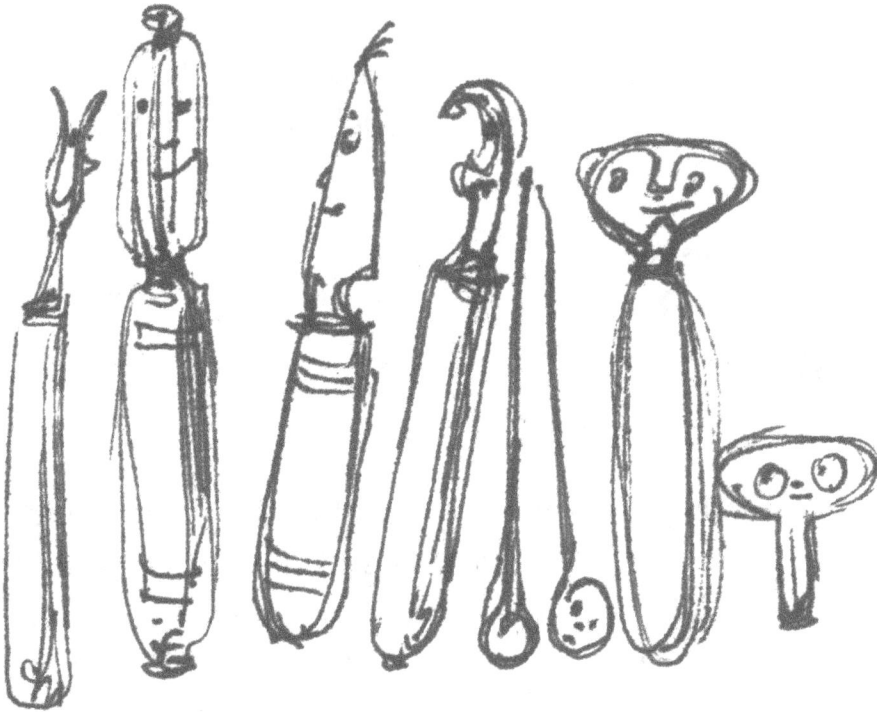

Luka, der Jüngere, ist eindeutig der Kartoffelschäler im Spezialfach des Besteckkastens. Warum der Besteckkasten ein Spezialfach braucht, erkläre ich später. Luka jedenfalls ist der Kartoffelschäler, und zwar aus verschiedenen Gründen: Der Kartoffelschäler ist formschön und praktisch, er führt ein ruhiges, gelassenes Leben als Individualist im Tischkasten, er hat keinen Konkurrenten und wird selten herausgerufen, denn bei uns gibt es meist Pellkartoffeln. Einen besonderen Status genießt er, weil er zusätzliche Disziplinen beherrscht wie das Schälen von Spargel, Mohrrüben und Gurken. Außerdem bestaunen seine überwiegend unbeweglichen Gefährten seinen raffinierten und gut funktionierenden Mechanismus.

Luka hat natürlich nicht als Kartoffelschäler begonnen. Als Baby war er ein niedlicher Teelöffel wie fast alle kleinen Kinder, doch sehr bald genügte ihm das nicht mehr. In rasantem Tempo durchlief er alle Stadien der im Besteckkasten möglichen Instrumente, also von der Kuchengabel über Kartoffelgabel, Suppenlöffel und große Gabel, so dass er schneller als andere seine derzeitige Form erhielt.

Ein Messer allerdings wollte Luka nie sein: zu scharf, zu gefährlich.

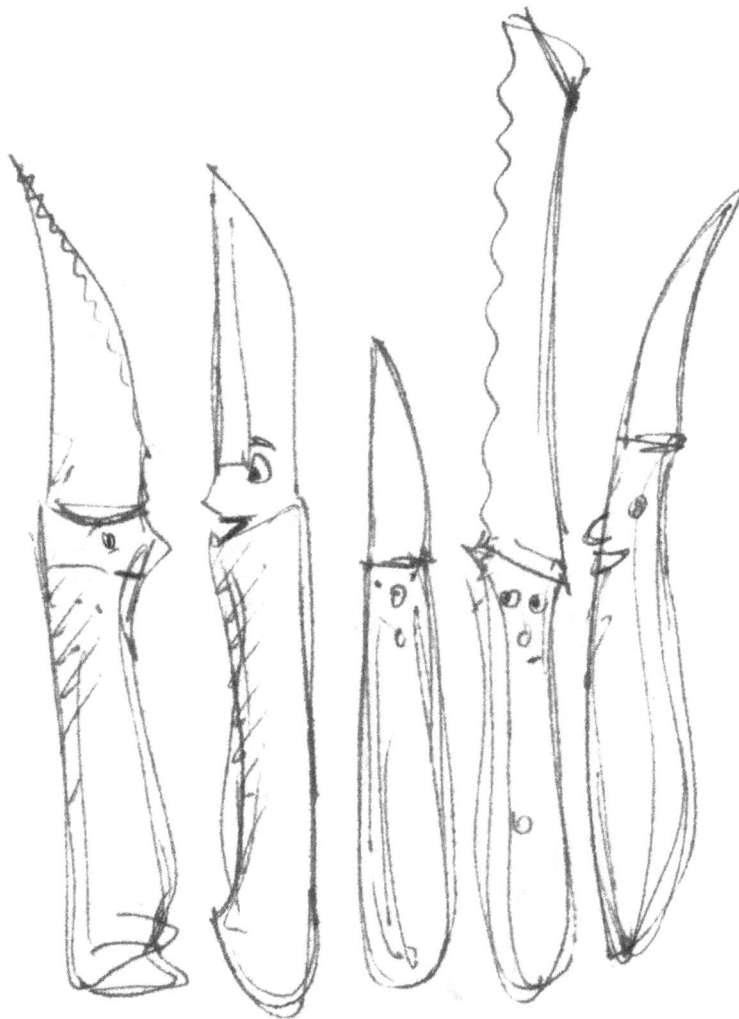

Roman dagegen, der Ältere, übersprang das Teelöffelstadium und startete als niedliches Kindermesser mit Giraffe auf dem Griff, das aber nicht im Messerfach wohnte, sondern sich wegen seiner geringen Größe als Außenseiter unter den Teelöffeln behaupten musste. Das war manchmal unerfreulich, denn die einerseits gutmütigen, aber auch manchmal etwas beschränkten Löffelchen machten sich gelegentlich über ihn lustig, weil er keine Schippe hatte und sie seine wahre Bestimmung nicht erkennen konnten. Deshalb glaubten sie, er hätte gar keine Bestimmung.

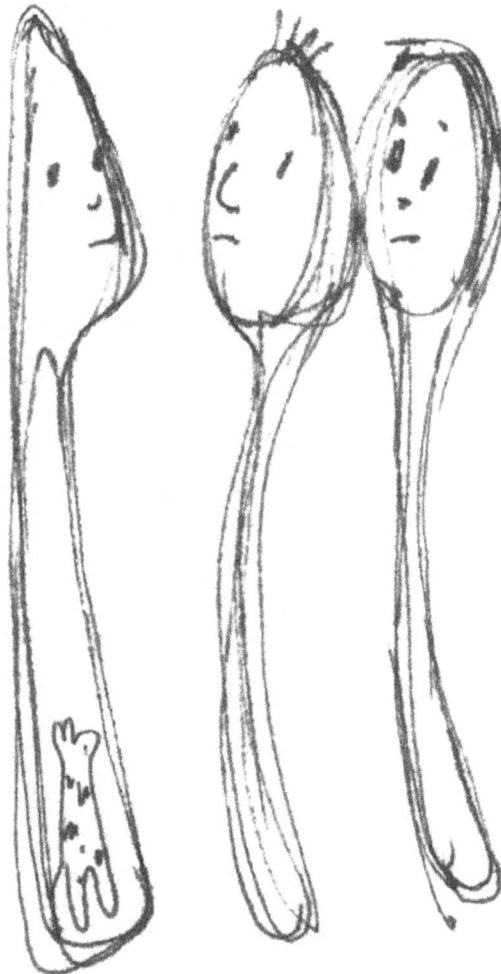

Das änderte sich, als er endlich den Sprung ins große Messerfach schaffte, da staunten die kleinen Löffel nur und vergaßen ihn ziemlich bald. Von da an war Roman ein schlankes Tafelmesser, leistungsfähig auch ohne Säge und scharfen Schliff, das vor keiner Plastikverpackung oder Wurstschale auf dem Abendbrottisch kapituliert.

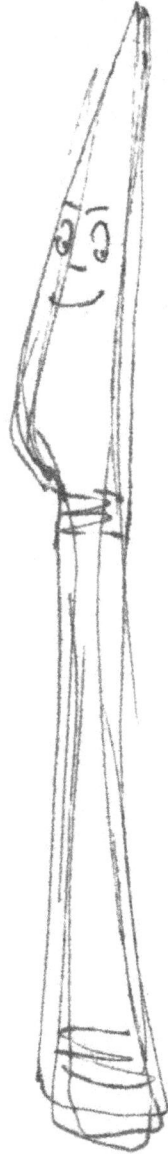

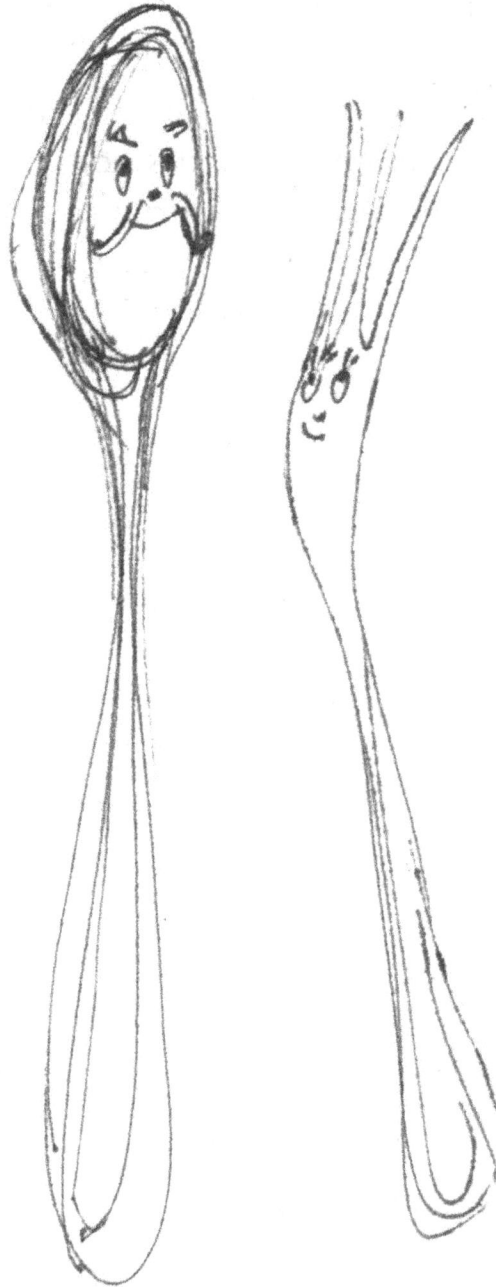

Und der Großonkel Holli? Der war schon immer ein Esslöffel. Nicht riesig, aber tief! Für's Teelöffelfach von Anfang an zu groß.

Hollis Lieblingsessen: Spagetti! Wenn es Spagetti gibt, liegt neben jedem Esslöffel eine attraktive Gabel bereit und vielleicht noch ein hübsches Dessertlöffelchen am Kopf des Tellers. So gefällt es unserem Holli.

Doch im Kasten? Da gibt es ein Problem: Holli sehnt sich so sehr nach den niedlichen Tee- und Kaffeelöffelchen. Es ist aber schier unmöglich, mit ihnen in Kontakt zu kommen, denn es ergibt sich nie, dass beim Einräumen des Besteckkastens ein großer Löffel versehentlich im Teelöffelfach landet, nicht mal für eine kleine Weile, wie es die Kuchengabeln manchmal erleben, weil dann beim Zuschieben der Tischkasten klemmt und der Irrtum sofort bemerkt und korrigiert wird.

Auch die großen und kleinen Gabeln findet Holli hübsch, viel hübscher als die langweiligen Suppenlöffel in seiner Umgebung, aber auch die sind praktisch unerreichbar. Aus diesem Grunde gibt es im Esslöffelfach neben den ganz normalen Suppenlöffeln einen melancholischen Esslöffel, der in seinen Träumen lebt.

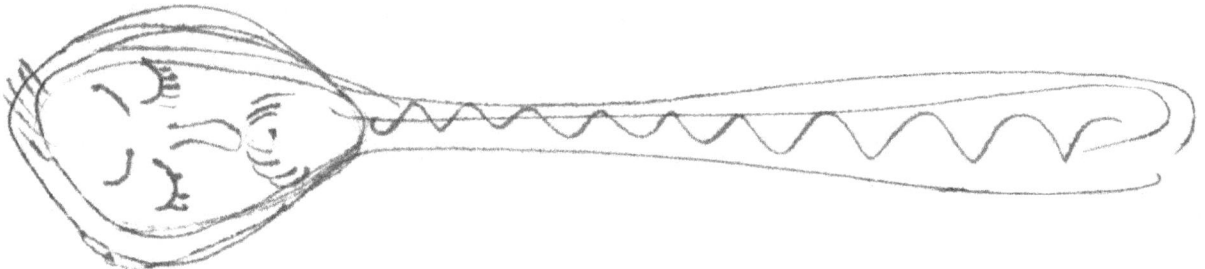

Und hier sind wir auch schon bei der Grundsatzproblematik des Lebens im Besteckkasten und des Lebens überhaupt angelangt:

Wenn du Pech hast, landest du irgendwann in dem Fach eines Besteckkastens, und es bedarf großer Anstrengungen, glücklicher Zufälle und passgerechter Irrtümer, um aus der vorgefertigten Form herauszukommen und nicht immer wieder hineinsortiert zu werden, oder besonderer Geduld, wenn man warten will, bis zufällig jemand Anderer das Fach wechselt und man einander begegnet.

Aber! Es gibt auch ein Leben außerhalb des Tischkastens! Zum Beispiel die abenteuerlichen Ausflüge in den Geschirrspüler:

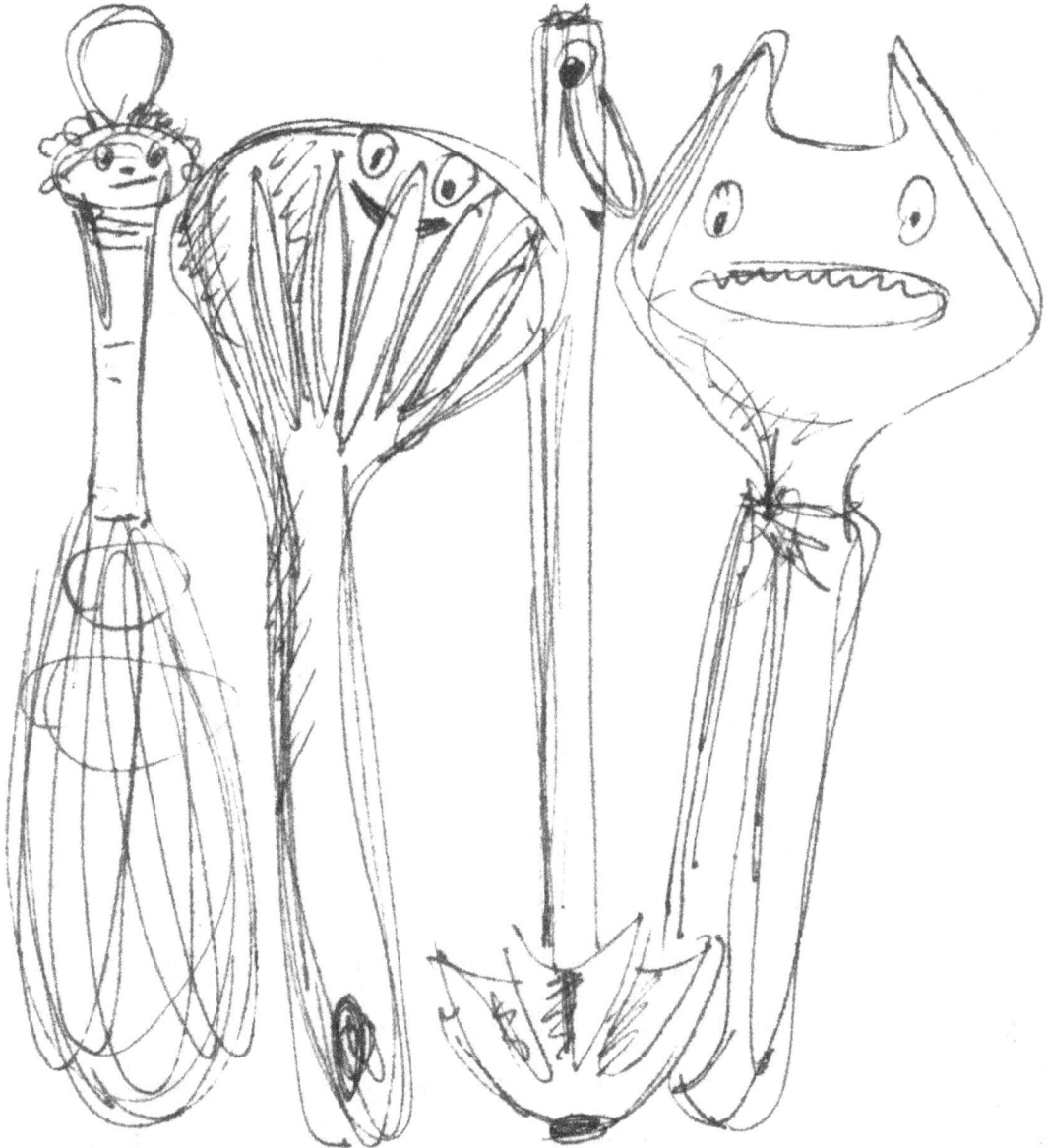

Da ist alles völlig anders, jedenfalls in unserem Geschirrspüler: Da wird jedes Besteckteil wahllos und ohne Ansehen der Person in den Besteckkorb gestopft, man findet sich in Gesellschaft mit Leuten, denen man sonst niemals begegnen würde und bleibt manchmal tagelang zusammen, bis zum furiosen Heißwasserfinale und noch die gesamte Abkühlzeit, manchmal sogar noch ein oder zwei Tage danach. Das kann überwältigend sein, aufregend und spannend, aber natürlich auch frustrierend und abstoßend, je nachdem, mit wem man es zu tun bekommt. Außerdem gewinnt man einen gewissen Einblick in fremde Welten, man kann den Gesprächen der Tassen lauschen, die von unterschiedlichen Inhalten erzählen und normalerweise nur die Tee- und Kaffeelöffel zur Kenntnis nehmen, trifft die Töpfe, die mächtig viel aushalten müssen, da in unserer Küche mit Feuer gekocht wird.

Von solchen Ereignissen kann man lange zehren, auch wenn man schon längst wieder im Tischkasten angekommen ist.

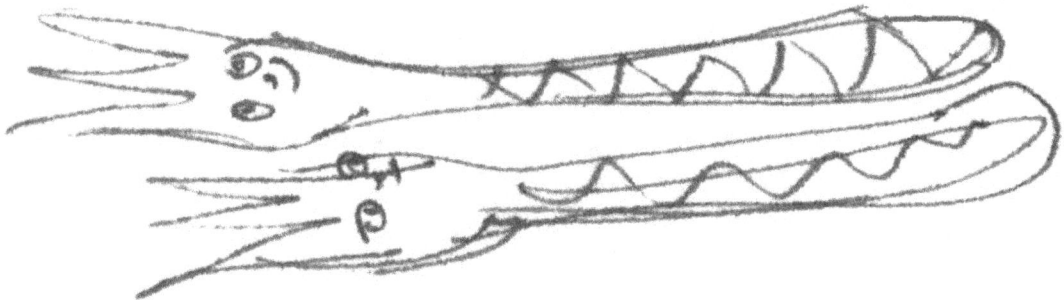

Manchmal entspinnen sich im Geschirrspüler auf Grund der ungewohnten Wärme auch ungeahnte Geschichten zwischen gleichbestecklichen Instrumenten. Das ist natürlich ein Glücksumstand, denn die können dann im Tischkasten weiterkuscheln und ihre Beziehung vertiefen, vorausgesetzt, es gibt keine Neider und Stinkstiefel, die sich dazwischen schieben.

Der gedeckte Tisch!

Das Hauptbetätigungsfeld der Besteckkastenbewohner ist natürlich der gedeckte Tisch.

Je nach Speiseplan werden wir zum Einsatz gerufen. Zu jeder Mahlzeit wählt man einige von uns aus, die zuerst diszipliniert am fest vorgeschriebenen Platz positioniert werden, dann aber auf Kommando gut und manchmal eng zusammenarbeiten müssen.

Standartteams beim Mittagessen ohne Kompott sind Messer und Gabel plus Suppenlöffel einzeln, Gabeldoppel bei Fisch oder eben Großonkel Hollis Lieblingskombination Gabel und Esslöffel. Gibt's Nachtisch, müssen noch kleine Löffel oder Kuchengabeln ran.

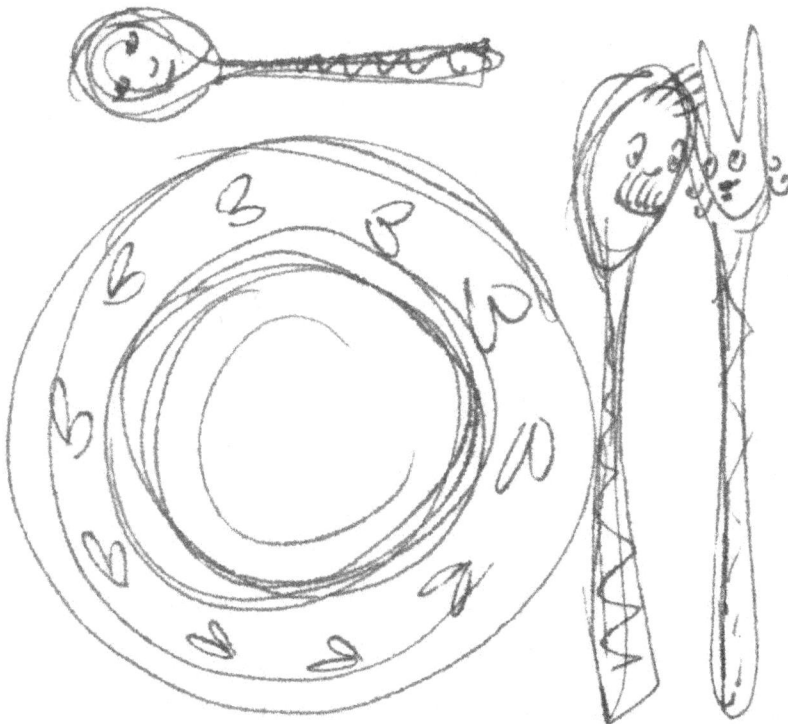

Normalerweise wird beim Tischdecken darauf geachtet, dass zusammengehörige Besteckteile für einen Teller verantwortlich sind, das ist gut für die Harmonie und sieht auch schöner aus. Bei uns im Besteckkasten gibt es mehrere Bestecksippen, von den beiden Hauptfamilien gibt es pro Sorte 6 Vertreter, zum Einen die mit dem glatten, schlanken Edelstahlgriff, zum Anderen die mit dem blauen Plastikschaft. Außerdem sind da noch kleinere Gruppen aus je einem Besteckteil von jeder Sorte und auch absolute Singles.

Es ist jedes Mal spannend, wenn eine Tischbesatzung ausgewählt wird. Je nach Küchendienst ist sie dann sortenrein und harmonisch - was nicht heißt, dass sich automatisch alle Sippenmitglieder gut verstehen – oder es gibt eine bunte Mischung, dann wird es manchmal richtig aufregend, denn das ist eine Gelegenheit, neue Leute kennenzulernen.

Manchmal lernt man am Arbeitsplatz auch noch andere interessante Zeitgenossen kennen, die nicht in unserem Tischkasten wohnen, weil sie dafür zu groß sind. Vor allem die Suppenlöffel haben oft Kontakt zu den verschiedensten Schöpfkellen und zu dem attraktiven silbernen Durchschlag, wenn sie als Esshilfen für Spagetti im Einsatz sind. Diese außerhalb lebenden Dinge besitzen das Privileg, fast immer einen guten Überblick über das gesamte Küchenuniversum zu haben, denn sie schweben zusammen mit etlichen anderen Spezialinstrumenten in luftiger Höhe hängend an einer Stange über der Arbeitsplatte.

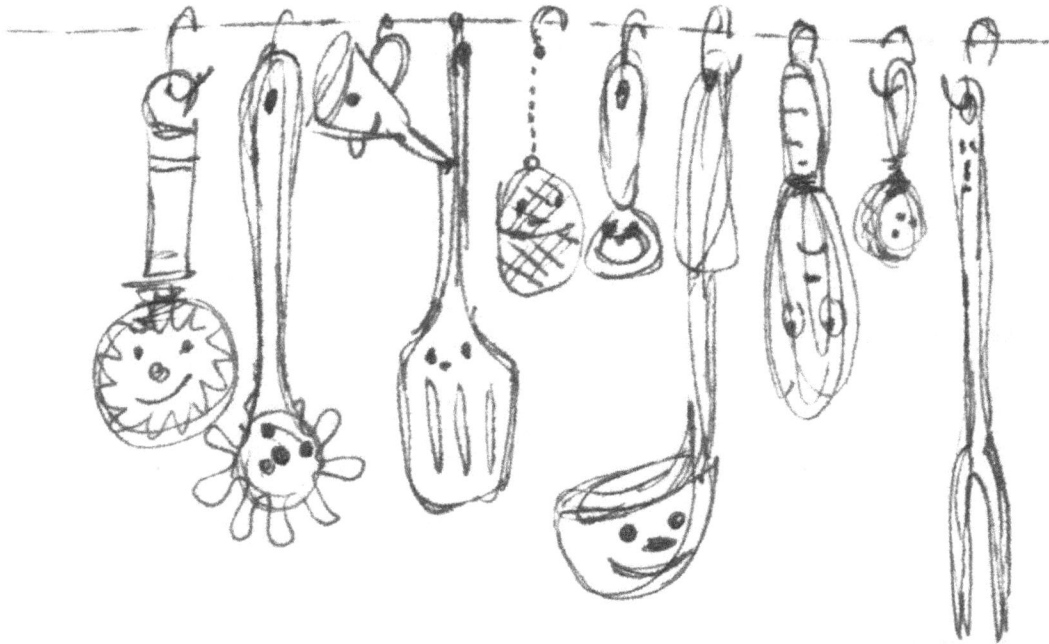

Allerdings dürfen diese Leute nur selten auf den Esstisch, ihre Arbeitszeit liegt in der Vorbereitung der Speisen, sie arbeiten vor allem auf der Arbeitsplatte, im Topf oder auf dem Schneidebrett. Sie sind viel individualistischer als die Bewohner des Tischkastens: Bis auf die Suppenkelle, die noch eine kleine Schwester hat, gibt es immer nur ein Exemplar jeder Spezies, das seine Aufgabe meist alleine erledigt.

Eine wichtige Bedingung für einen Platz an der Stange ist der Besitz eines eigenen Hakens oder ein Loch im Griff. Auch unser Luka könnte als Individuum einen Platz dort beanspruchen, aber bei dem Kartoffelschäler wurde das Loch im Griff vergessen. Das nennt man Pech oder Schicksal.

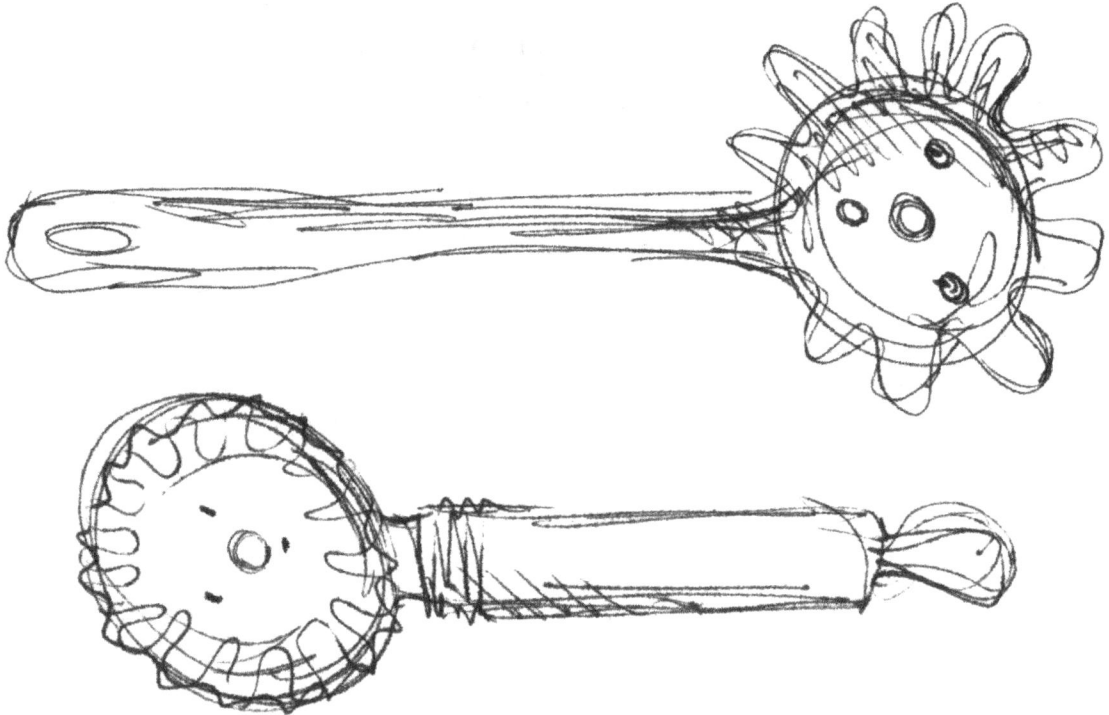

Nun zu mir, auch ich bin schließlich ein Mitglied der großen Küchengeräte-Kommune:

Im Suppenlöffelfach gibt es auch einen alten, ziemlich abgeschabten Aluminiumlöffel, den schon meine Oma als Kochlöffel benutzt hat. Deshalb dachte ich, dass dieser schiefgeschabte Löffel am meisten meiner Oma entspricht, und das stimmt auch, doch seit 40 Jahren ist die Oma nicht mehr da, und ich habe das Gefühl, dass ich inzwischen in diesen Löffel hineingewachsen bin. Zum Essen wird er nicht mehr genommen, er ist zu rau und scharfkantig, aber zum Umrühren im Topf ist er ideal, denn er ist so abgenutzt, dass seine Form genau in den Bereich zwischen Topfboden und Seitenwand passt und damit ist prima Auskratzen!

Dieser Löffel kann genau wie der Schäler ein Doppelleben führen: Einerseits gemütlich im Tischkasten lümmeln, mit den anderen Löffeln schwatzen, ein bisschen kuscheln und dann: Vorzeitig rausgerufen werden und sich zusammen mit Spezialisten wie Schneebesen, Alleswender, Trichter, Kartoffelstampfer, Messerschärfer, Quirl und dem lieben Holzlöffel in das Abenteuer des Essenkochens stürzen. Manchmal treffe ich dabei die gute, alte Schere und die Muskatreibe, die ich schon seit Ewigkeiten kenne. An besonders schönen Tagen komme ich obendrein zum Gemüseauftun auf den gedeckten Tisch.

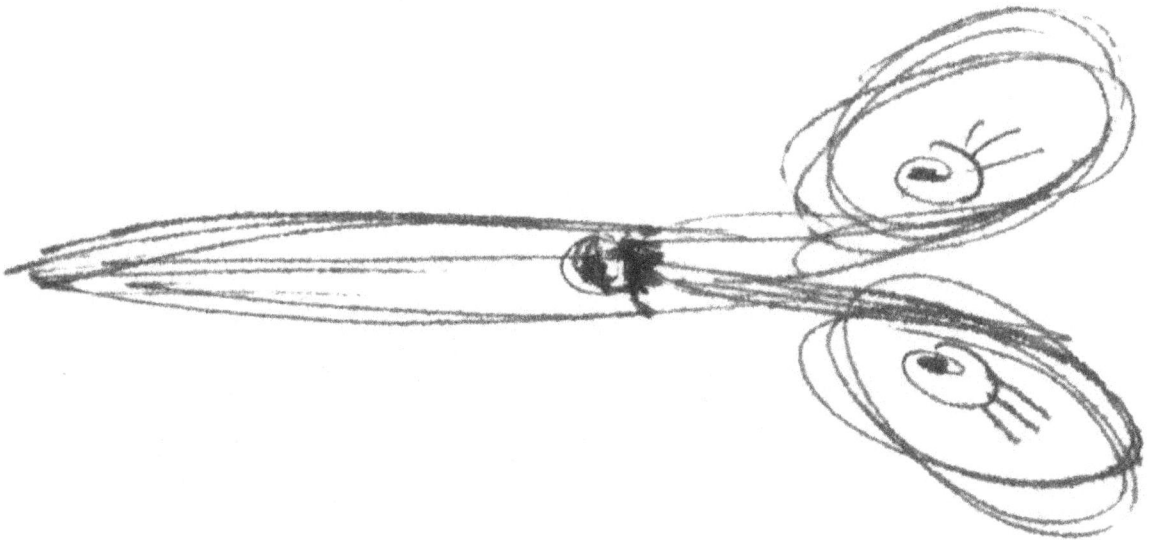

Doch das Leben im Tischkasten ist ein geheimes Leben, das von den Küchenbenutzern fast unbemerkt im Schutze der Dunkelheit stattfindet, denn die meiste Zeit des Tages ist der Kasten unter der Tischplatte verborgen, weil er zugeschoben ist. Das macht uns Kastenbewohnern jedoch nichts aus, denn sobald es ans Essenzubereiten oder Speisen geht, kommt Licht in die Bude und wir werden zur Arbeit abgeholt. In den Zwischenzeiten können wir in aller Ruhe ausruhen und unseren philosophischen Gedanken nachhängen.

Das Leben im Tischkasten ist schön.

Jewgenij Tschirikow
Der Löwenzahn

ein Märchen

auf Deutsch
und Russisch

www.ingramcontent.com/pod-product-compliance
Lightning Source LLC
Chambersburg PA
CBHW080553030426
42337CB00024B/4865

9 783947 522316